LIBRO DI CUCINA CINESE KETO

50+ RICETTE SAPORITE E FACILI

PER UNA SANA DIETA A BASSO CONTENUTO DI CARBOIDRATI

LUIGIA DEIANA

Tutti i diritti riservati.

Disclaimer

SOMMARIO

INTRODUZIONE

La cucina cinese è una parte importante della cultura
cinese, che comprende cucine provenienti dalle diverse
regioni della Cina e da cinesi d'oltremare che si sono
stabiliti in altre parti del mondo. A causa della diaspora
cinese e del potere storico del paese, la cucina cinese ha
influenzato molte altre cucine in Asia, con modifiche
apportate per soddisfare i palati locali. I prodotti
alimentari cinesi come riso, salsa di soia, noodles, tè, olio
al peperoncino e tofu e utensili come le bacchette e il
wok, possono ora essere trovati in tutto il mondo.

Navigare in una cucina cinese può essere una sfida se stai
cercando di attenersi alla dieta cheto a basso contenuto di
carboidrati e ad alto contenuto di grassi. Sebbene caricato
con verdure; molti piatti cinesi sono spesso preparati con
spaghetti e riso, salse amidacee e zuccherine, o carni
pastellate e fritte che possono accumularsi sui carboidrati.

La dieta chetogenica è una dieta povera di carboidrati e
ricca di grassi che condivide molte somiglianze con
Atkins e diete a basso contenuto di carboidrati. Si tratta di
ridurre drasticamente l'assunzione di carboidrati e
sostituirli con i grassi. Questa riduzione dei carboidrati
mette il tuo corpo in uno stato metabolico chiamato
chetosi. Quando ciò accade, il tuo corpo diventa
incredibilmente efficiente nel bruciare i grassi per
produrre energia. Trasforma anche il grasso in chetoni nel
fegato, che può fornire energia al cervello.

Questi alimenti sono difficili da includere in una dieta
cheto, che in genere limita l'assunzione di carboidrati a
non più di 50 grammi di carboidrati totali o 25 grammi di

carboidrati netti - che sono carboidrati totali meno fibre - al giorno.

FRUTTI DI MARE CINESI

1. Cantonese all'aragosta

- 1 libbra Code di aragosta
- 1 spicchio d'aglio, tritato
- 1 cucchiaino di fagioli di soia neri fermentati - sciacquati e scolati 2 cucchiai di olio
- 1/4 libbra di maiale macinato 1 1/2 tazza di acqua calda
- 1 cucchiaio e mezzo di salsa di soia
- 1 cucchiaino di MSG (facoltativo) 2 cucchiai di amido di mais
- cucchiai di sherry secco 1 uovo
- cucchiai d'acqua
- Rametti di coriandolo Riccioli di cipolla verde Riso Konjac o riso al cavolfiore cotto a caldo

a) Per ottenere i migliori risultati nella preparazione di questo attraente piatto cinese, cuocere i pezzi di aragosta il più rapidamente possibile. L'uovo sbattuto aggiunto alla salsa la rende più ricca e cremosa.

b) Con un coltello affilato, staccare la carne di aragosta dal guscio e tagliarla a medaglioni. Tritare insieme l'aglio e i fagioli di soia neri. Scaldare l'olio nel wok o nella padella e aggiungere la miscela di aglio. Cuocere e mescolare qualche secondo. Aggiungere la carne di maiale e cuocere per circa 10 minuti, mescolando per rompere la carne.

c) Aggiungere l'acqua calda, la salsa di soia e il glutammato monosodico. Aggiungere i medaglioni di aragosta e cuocere 2 minuti. Mescolare l'amido di mais e lo sherry e mescolare nella salsa. Sbattete l'uovo con 3 cucchiai di acqua e incorporatelo alla salsa. Cuocere a fuoco basso per 30 secondi, mescolando continuamente. La salsa dovrebbe essere cremosa ma non pesante. Cucchiaio al centro del piatto.

d) Disporre i medaglioni in salsa con motivi decorativi. Guarnire con coriandolo e riccioli di cipolla verde. Per ogni porzione, posizionare alcuni medaglioni di aragosta sul riso Konjac nella ciotola.

e) Cucchiaio di salsa sull'aragosta

2. Gamberetti di Keto Hunan

- 3 o 4 tazze di olio di arachidi
- 1 1/2 libbra di gamberetti; sgusciare, svuotare, lasciare in posa le porzioni di coda, lavare, asciugare, conservare in frigorifero per almeno 4 ore
- 1/2 tazza di cipolle tagliate a pezzi da 1/4 di pollice 2 1 cucchiaio di zenzero fresco tritato finemente
- 1 spicchio d'aglio tritato

Per una salsa, unire in una ciotola e mescolare bene:
- 1 1/2 cucchiaio di salsa di ostriche
- 1 cucchiaio di ketchup al pomodoro 1/2 cucchiaino di sale
- Un pizzico di pepe bianco
- 2 cucchiaini di pepe Hunan [i fiocchi di pepe ammollati sul fondo dell'olio caldo] o sostituire 2 cucchiaini. pasta di peperoncino, sambal ooleck, O 1 cucchiaino colmo
- 1 peperoncino tritato in fiocchi più 1 cucchiaino di olio 1 cucchiaino di olio di sesamo

a) Versare l'olio di arachidi in un wok e riscaldare a 375 gradi F.
b) Sbollentare i gamberetti con l'olio per 45 secondi a 1 minuto, finché i gamberetti non iniziano a diventare rosa e ad arricciarsi.
c) Rimuovere; mettere da parte.
d) Rimuovere l'olio dal wok, quindi sostituire 2 cucchiai di olio. Scaldare l'olio fino a quando non appare il fumo bianco.

e) Aggiungere le cipolle, lo zenzero e l'aglio e saltare in padella finché le cipolle non si ammorbidiscono, circa 2 minuti. Aggiungere i gamberetti e mescolare bene.

f) Mescolate la salsa e versatela nel wok. Mescolare fino a quando i gamberi sono ben ricoperti. Aggiungere l'olio di sesamo, spegnere il fuoco e mescolare bene. Togliere dal wok e servire immediatamente.

3. Crab Ragoon

- 1 o 2 confezioni (8 once) di formaggio Neufchatel, ammorbidito (o crema di formaggio). Importo in base a quanto "dozzinale" preferisci.
- 1 lattina (6 once) di polpa di granchio, scolata e tagliata a fiocchi 2 cipolle verdi comprese le cime, affettate sottilmente
- 1 spicchio d'aglio, tritato
- cucchiaini di salsa Worcestershire 1/2 cucchiaino di salsa di soia light
- 1 confezione (48 conte) rivestimento spray vegetale di won ton skins

a) Riempimento: in una ciotola media, unire tutti gli ingredienti tranne le pelli vinte e il rivestimento a spruzzo; mescolare fino a ottenere un composto omogeneo.
b) Per evitare che le pelli di won ton si secchino, prepara uno o due Rangoon alla volta. Posizionare 1 cucchiaino di riempimento al centro di ogni tonnellata di pelle vinta.
c) Inumidire i bordi con acqua; piegare a metà per formare un triangolo, premendo i bordi per sigillare. Tirare gli angoli inferiori verso il basso e sovrapporli leggermente; inumidire un angolo e premere per sigillare. Spruzzare leggermente la teglia con rivestimento vegetale.
d) Disporre Rangoon su un foglio e spruzzare leggermente per ricoprire. Cuocere in 425
e) Forno a gradi Fahrenheit per 12-15 minuti o fino a doratura. Servire caldo con salsa agrodolce o salsa di senape.

4. Salmone Keto con Bok-Choy

ingredienti

- 1 tazza di peperoni rossi, arrostiti, scolati
- 2 tazze di bok-choy tritato
- 1 cucchiaio di burro salato
- 5 oz. trancio di salmone
- 1 limone, affettato sottilmente
- 1/8 cucchiaio di pepe nero
- 1 cucchiaio di olio d'oliva
- 2 cucchiai di salsa sriracha

Indicazioni

a) Metti l'olio in una padella. Metti tutte le fette di limone nella padella tranne 4. Cospargere il bok choy con il pepe nero. Saltare in padella il bok-choy con i limoni.

b) Rimuovere e disporre su quattro piatti. Mettere il burro nella padella e soffriggere il salmone, girandolo una volta. Metti il salmone sul letto di bok-choy.

c) Dividete i peperoni rossi e circondate il salmone. Metti una fetta di limone sopra il salmone. Condire con salsa sriracha.

d) Congela il salmone cotto in sacchetti con chiusura lampo individuali. Metti il bok choy, con gli ingredienti rimanenti, in contenitori da una tazza. Metti nel microonde il salmone per un minuto e il bok choy congelato per due. Assemblare per servire.

5. Crab Rangoon

- 48 involucri di wonton
- 1 tazza di polpa di granchio fresca o in scatola
- 1 tazza di crema di formaggio
- ½ cucchiaino di salsa Worcestershire
- ½ cucchiaino di salsa di soia
- ⅛ cucchiaino di pepe bianco appena macinato, oa piacere
- 2 cucchiaini di cipolla tritata
- 1 ½ cipolla verde, tagliata a fettine sottili
- 1 grande spicchio d'aglio, acqua tritata per inumidire i wonton
- 4 tazze di olio per friggere

a) Copri gli involucri dei wonton con un panno umido per evitare che si secchino. Mettere da parte.

b) Se usi la polpa di granchio in scatola, scolala bene. Taglia la polpa di granchio con una forchetta. Aggiungere la crema di formaggio, quindi mescolare la salsa Worcestershire, la salsa di soia, il pepe bianco, la cipolla, la cipolla verde e l'aglio.

c) Per preparare il Crab Rangoon: adagia un involucro a forma di diamante o cerchio, a seconda della forma degli involucri di wonton che stai utilizzando. Aggiungere un cucchiaino colmo di ripieno al centro, distribuire uniformemente ma non troppo vicino ai bordi. Distribuire l'acqua su tutti e 4 i lati. Piega la parte inferiore sopra la parte superiore per formare un triangolo (gli involucri rotondi formeranno una mezza luna). Sigilla i bordi, aggiungendo altra acqua se necessario. Coprire i wonton pieni con un panno umido per evitare che si secchino.

d) Scalda 4 tazze di olio in un wok preriscaldato a 375 ° F. Inserisci gli involucri dei wonton un po 'alla volta e friggi per 2-3 minuti, finché non diventano dorati. Rimuovere con una schiumarola e scolare su carta assorbente. Raffredda e servi.

6. Gamberetti di Shanghai

- 1 1/2 libbra di gamberi crudi di medie dimensioni, con gusci su 4 cucchiai di olio vegetale
- fette sottili di zenzero fresco 3 scalogni, tagliati in quarti 2 cucchiai di sherry secco
- cucchiai di salsa di soia scura
- 2 cucchiaini di aceto di vino rosso

a) Rimuovere le cosce dei gamberi con le forbici. Fai un'apertura nella parte posteriore di ogni gambero e pulisci, lasciando il guscio e la coda.

b) Scalda l'olio in una padella o in un wok. Soffriggere lo zenzero e lo scalogno a fuoco basso per 30 secondi, finché non si sente un aroma. Aggiungere i gamberi e saltare in padella per 1 minuto a fuoco vivo. Aggiungere gli altri ingredienti e saltare in padella fino a quando la salsa non sarà glassata, circa 2 minuti.

c) Servire caldo oa temperatura ambiente.

7. Tempura di gamberetti Keto

PASTELLA:
- 2 tazze di farina per dolci
- 2 uova; picchiato
- 2 tazze di acqua ghiacciata

SALSA TEMPURA:
- 1 tazza di salsa di soia 1/2 tazza di Mirin
- 2 tazze d'acqua
- 1 cucchiaino di MSG (opzionale)
- 1 ravanello giapponese (daikon), grattugiato

TEMPURA:
- 1 libbra di gamberetti grandi
- 6 lg. Funghi; affettato
- 6 fette di melanzane; tagliato a listarelle
- 6 strisce di sedano, lunghe 3 pollici
- Carote - tagliate in strisce lunghe 3 pollici
- 3 fette di zucca dolce - tagliate a strisce lunghe 3 pollici
- Olio per friggere Farina multiuso

a) Mescolare la farina per dolci con le uova e l'acqua ghiacciata fino a ottenere una pastella leggermente grumosa. Freddo. Per fare la salsa, unire salsa di soia, mirin, acqua e glutammato monosodico in una casseruola e portare a ebollizione. Mettere una piccola quantità di salsa in piccoli piattini con 1 cucchiaino di ravanello grattugiato su ciascuno. Mettere da parte.

b) Per preparare la tempura, sgusciare e sgusciare i gamberi, lasciando la coda intatta. Appiattisci leggermente con un robusto colpo di mannaia o con il lato piatto di un coltello pesante in modo che i gamberetti non si arricciano durante la cottura. Disporre i gamberi, i funghi, le melanzane, il sedano, le carote e la zucca dolce in modo attraente su un vassoio o un piatto da portata. Scaldare l'olio in un bollitore profondo a 350F.

c) Batti la pastella. Immergi i gamberetti nella farina per tutti gli usi, quindi nella pastella fredda, agitando per rimuovere la pastella in eccesso. Passare nel grasso profondo e friggere fino a quando i gamberetti non salgono in superficie.

d) Mentre i gamberetti stanno saltellando sulla superficie dell'olio, aggiungi un po 'più di pastella sopra ogni gambero e cuoci finché la pastella non è croccante e leggermente dorata. Girare una volta e rimuovere con un cucchiaio forato o una forchetta e scolare su una griglia. Mantieni caldo.

e) Immergere le verdure nella farina e nella pastella e cuocere allo stesso modo. Continuare a cuocere e scolare gamberi e verdure, pochi alla volta

8. Gamberi con salsa di arachidi

- 24 gamberi medi, sgusciati e sgusciati 24 baccelli di piselli cinesi
- 24 olive nere mature

SALSA:
- 1/4 tazza di sherry secco
- 1/4 tazza di salsa di soia
- 1/4 tazza di burro di arachidi
- cucchiai di olio vegetale
- 4 spicchi d'aglio, tritati

Gamberi alternati, baccelli di piselli e olive su stuzzichini di bambù.

Unisci lo sherry, la salsa di soia, il burro di arachidi, l'olio e l'aglio e mescola bene. Grigliare o cuocere alla griglia gli spiedini per 6-10 minuti o fino a quando i gamberi diventano rosa e opachi, spazzolando spesso i gamberi con salsa di arachidi. (puoi sostituire 2 petti di pollo interi disossati e spellati per i gamberi. Tagliare ogni mezzo petto in 6 pezzi e spiedini con baccelli di piselli e olive. Grigliare o cuocere alla griglia per 10 minuti o fino a cottura ultimata.

9. Keto Pork Balls

- 3 ½ once di gamberetti freschi, con le conchiglie
- ¾ libbra di maiale macinato
- ¾ cucchiaino di zenzero grattugiato
- 2 cucchiaini di cipolla verde finemente tritata
- 2 cucchiaini di castagna d'acqua tritata finemente
- 1¼ cucchiaino di vino di riso cinese o sherry secco
- ⅛ cucchiaino di sale
- Pepe qb
- 1 uovo
- 1 cucchiaino di amido di mais
- 4-6 tazze di olio per friggere

a) Rimuovere i gusci dai gamberetti e liberarli. Trita i gamberi in una pasta fine.
b) Aggiungi la carne di maiale macinata ai gamberi. Mescolare lo zenzero, la cipolla verde, la castagna d'acqua, il vino di riso Konjac, il sale, il pepe, l'uovo e la maizena.
c) Scalda l'olio in un wok preriscaldato ad almeno 350 ° F. Mentre l'olio si riscalda, modellare il composto di gamberetti e maiale in palline rotonde delle dimensioni di una pallina da golf.
d) Quando l'olio è pronto, friggi le polpette di gamberetti e maiale, poche alla volta, finché non saranno dorate. (Assicurati che la carne di maiale sia cotta ma non cuocerla troppo). Togli la carne dal wok con una schiumarola e scola su carta assorbente.

10. Gamberi al burro

- 2 tazze di gamberi tigre freschi
- ½ cucchiaino di vino di riso cinese o sherry secco
- ¼ di cucchiaino di sale
- 1 cucchiaino di amido di mais
- ½ tazza di brodo di pollo
- 1 cucchiaio più 1 cucchiaino di salsa di ostriche
- 2 cucchiai di olio per soffriggere
- 1 cucchiaio di burro
- 1 spicchio d'aglio piccolo, tritato
- ½ cucchiaino di salsa al peperoncino con aglio

a) Sgusciate e sgusciate i gamberi. Sciacquare con acqua tiepida e asciugare tamponando con carta assorbente. Marinare i gamberi nel vino di riso Konjac, sale e amido di mais per 15 minuti.

b) Unire il brodo di pollo, la salsa di ostriche e mettere da parte.

c) Aggiungi l'olio a un wok o una padella preriscaldati. Quando l'olio è ben caldo, aggiungere i gamberi e saltare in padella brevemente, finché non diventano rosa. Rimuovere e scolare su carta assorbente.

d) Aggiungere il burro, l'aglio e la salsa al peperoncino con l'aglio. Soffriggere brevemente e poi aggiungere i gamberi. Soffriggere per circa un minuto, mescolando i gamberi con il burro, quindi aggiungere la salsa. Porta a ebollizione la salsa. Mescolate la salsa con i gamberi e servite ben caldi.

11. Frittura di pesce piccante Keto

- ½ libbra di filetti di pesce
- ½ tazza di brodo di pollo
- 1 cucchiaino di aceto di riso nero
- 1 cipolla verde
- 3 cucchiai di olio per soffriggere
- ½ cucchiaio di zenzero tritato
- ¼ di cucchiaino di pasta di peperoncino
- 1 tazza di funghi freschi, affettati

a) Lavare i filetti di pesce e asciugarli tamponando. Tagliare a fette di circa 2 pollici da ½ pollice.
b) Unire il brodo di pollo, l'aceto di riso integrale e nero. Mettere da parte. Taglia la cipolla verde a fette da 1 pollice in diagonale.
c) Aggiungi 2 cucchiai di olio a un wok o una padella preriscaldati. Quando l'olio è caldo, aggiungi i pezzi di pesce. Saltare in padella fino a doratura. Togliere dal wok e scolare su carta assorbente.
d) Aggiungi 1 cucchiaio di olio al wok. Aggiungere la pasta di zenzero e peperoncino e saltare in padella fino a quando non diventa aromatica. Aggiungi i funghi. Saltare in padella finché sono teneri, quindi spingere verso l'alto ai lati del wok. Aggiungere la salsa al centro del wok e portare a ebollizione. Aggiungere il pesce e incorporare il cipollotto. Mescolare e servire caldo.

12. Filetti di pesce saltati in padella

- ½ libbra di filetti di pesce
- 1 cucchiaino di vino di riso cinese o sherry secco
- 1 cucchiaio di salsa di soia
- 2 cipolle verdi, divise
- 2 cucchiai di olio per soffriggere
- ½ tazza di brodo di pollo
- 2 cucchiai di salsa di ostriche
- ¼ di cucchiaino di olio di sesamo
- ½ cucchiaio di zenzero tritato

a) Lavate i filetti di pesce e asciugateli con carta assorbente. Marinare nel vino di riso Konjac, la salsa di soia e 1 cipolla verde affettata per 30 minuti.

b) Unire il brodo di pollo, la salsa di ostriche, il marrone e l'olio di sesamo. Mettere da parte. Taglia la cipolla verde rimanente in pezzi da 1 pollice.

c) Aggiungi l'olio a un wok o una padella preriscaldati. Quando l'olio è caldo, aggiungi lo zenzero. Saltare in padella brevemente fino a quando diventa aromatico. Aggiungere i filetti di pesce e cuocere finché non saranno dorati su entrambi i lati (2-3 minuti per lato).

d) Aggiungere la salsa al centro del wok e portare a ebollizione. Incorporare la cipolla verde. Riduci la fiamma, copri e lascia sobbollire per circa 10 minuti. Servire caldo.

13. Gamberetti al miele e noci

- ½ tazza di noci tritate
- ½ libbra di gamberetti
- 1 uovo, leggermente sbattuto
- 4 cucchiai di amido di mais
- 1 cucchiaio e mezzo di miele
- 3 cucchiai di maionese
- 3 cucchiaini ¾ di succo di limone appena spremuto
- 3 cucchiai di latte di cocco
- 3 tazze di olio per friggere

a) All'inizio della giornata, fai bollire i pezzi di noce per 5 minuti. Scolare bene. Arrotolare i pezzi di noce e lasciar asciugare.

b) Pelare e privare i gamberi. Lavare e asciugare tamponando con carta assorbente.

c) Scaldare l'olio a 375 ° F. In attesa che l'olio si scaldi, mescola l'uovo con la maizena per formare una pastella. Immergi i gamberi nella pastella di uova. Friggi i gamberi finché non diventano dorati. Toglieteli dal wok con una schiumarola e scolateli su carta assorbente. Freddo.

d) Unisci il miele, la maionese, il succo di limone e il latte di cocco. Mescolare con i gamberetti. Servire su un piatto da portata con le noci disposte intorno ai gamberi.

14. Gamberetti Keto Kung Pao

- 1 libbra di gamberetti, pelati e puliti
- ½ tazza di brodo di pollo
- 2 cucchiai di riso Konjac cinese o vino di riso al cavolfiore o sherry secco
- 2 cucchiaini di salsa di soia
- 2½ – 3 cucchiai di olio per soffriggere
- 2 fette di zenzero tritate
- ¼ di cucchiaino di pasta di peperoncino
- ½ tazza di arachidi

a) Lavate i gamberi e asciugateli con carta assorbente. Unisci il brodo di pollo, il vino di riso Konjac e la salsa di soia e metti da parte.

b) Aggiungere 1 cucchiaio e mezzo di olio a un wok o una padella preriscaldati. Quando l'olio è caldo, aggiungi i gamberi. Saltare in padella molto brevemente, fino a quando non cambiano colore. Rimuovere e mettere da parte.

c) Aggiungi 1 cucchiaio di olio al wok. Quando l'olio è caldo, aggiungere la pasta di zenzero e peperoncino. Saltare in padella brevemente fino a quando diventa aromatico. Aggiungi le arachidi. Saltare in padella per circa 1 minuto finché non diventano dorati ma non sono bruciati.

d) Spingi le noccioline sul lato del wok. Aggiungere la salsa al centro del wok e portare a ebollizione. Aggiungi i gamberetti di nuovo nel wok. Amalgamate il tutto e servite ben caldo.

15. Pasta di gamberetti

- Gamberetti da ½ libbra (8 once), pelati e privati delle uova
- 1 cucchiaio più 1 cucchiaino di grasso vegetale
- ½ cucchiaino di zenzero grattugiato
- 2 cucchiaini di cipolla verde tritata
- 2 cucchiaini di castagna d'acqua finemente tritata
- ½ cucchiaino di vino di riso cinese o sherry secco
- ⅛ cucchiaino di sale
- Pepe qb
- 1 uovo medio
- 1 cucchiaio più 1 cucchiaino di amido di mais

a) Sciacquare i gamberi in acqua tiepida e asciugarli con carta assorbente. Frulla i gamberi e il grasso vegetale in un robot da cucina o in un frullatore. Aggiungere lo zenzero, la cipolla verde, la castagna d'acqua, il vino di riso Konjac, il sale e il pepe. Purea.

b) Sbatti leggermente l'uovo. Mescolare la miscela di gamberi e verdure. Aggiungere l'amido di mais, mescolando con le mani. La pasta di gamberetti è ora pronta.

16. Toast veloce di gamberetti Keto

- 7 once di gamberetti
- ½ cucchiaino di zenzero grattugiato
- 2 cucchiaini di cipolla verde finemente tritata
- 2 cucchiaini di castagna d'acqua tritata finemente
- ½ cucchiaino di vino di riso cinese o sherry secco
- ⅛ cucchiaino di sale
- Pepe qb
- 1 uovo
- 1 cucchiaino di amido di mais
- 8 fette di pane
- ¼ di tazza d'acqua
- 4-6 tazze di olio per friggere

a) Rimuovere i gusci dai gamberetti e liberarli. Trita i gamberi in una pasta fine.

b) Mescolare lo zenzero, la cipolla verde, la castagna d'acqua, il vino di riso Konjac, il sale, il pepe, l'uovo e la maizena.

c) Aggiungere l'olio a un wok preriscaldato e riscaldare ad almeno 350 ° F. Mentre l'olio sta scaldando, rompere ogni fetta di pane in 4 quadrati uguali. Immergi brevemente nell'acqua, rimuovi e usa le dita per spremere l'acqua in eccesso.

d) Distribuire un cucchiaino colmo della miscela di gamberetti su ogni quadrato di pane. Quando l'olio è caldo, fai scivolare alcuni quadrati nell'olio bollente. Friggere un lato finché non diventa marrone (circa 1 minuto), quindi girare e dorare l'altro lato. Toglieteli dal wok con una schiumarola e scolateli su carta assorbente. Continuare con il resto dei quadrati di pane.

17. Toast Fritto Croccante Di Gamberetti

- ¾ c up farina
- 1 cucchiaino di lievito in polvere
- ¼ di cucchiaino di sale
- 2 cucchiai di olio vegetale
- ¾ tazza d'acqua
- 6 fette di pane bianco, senza croste
- Pasta di gamberetti (pagina 216)
- 4-6 tazze di olio per friggere

a) Setacciate insieme la farina e il lievito. Mescolare il sale e l'olio vegetale. Incorporare lentamente l'acqua, aggiungendo più o meno quanto necessario per fare una pastella.

b) Aggiungere l'olio a un wok preriscaldato e riscaldare a 360 ° F. Mentre l'olio sta scaldando, tagliare ogni fetta di pane in 4 triangoli. Distribuire ½ cucchiaino di pasta di gamberetti su ciascun lato del triangolo.

c) Quando sei pronto per cucinare, usa le dita per rivestire il pane con la pastella. Aggiungere con attenzione il pane nel wok, poche fette alla volta. Cuocere da un lato per 2 minuti, poi capovolgere e cuocere l'altro lato per 2 minuti o fino a quando la pastella non sarà diventata dorata. Rimuovere e scolare su carta assorbente.

RICETTE DI POLLO CINESI

18. Anatra Arrosto Alla Cantonese

- 1 anatra, circa 5 libbre, fresca o congelata
- 1 cucchiaio di sale
- 1 scalogno
- 3 fette di zenzero fresco

Smalto:

- 1 cucchiaio di sciroppo di mais leggero 2 cucchiai di acqua
- 1 cucchiaio di salsa di soia
- Pochi rametti di coriandolo fresco, per guarnire

a) Scongela l'anatra, se congelata. Rimuovere il grasso in eccesso, quindi risciacquare e asciugare tamponando con carta assorbente. Strofinare l'intera superficie dell'anatra, dentro e fuori, con il sale. Coprire e conservare in frigorifero per diverse ore o durante la notte.

b) Mettete lo scalogno nella cavità e adagiate le fette di zenzero sopra l'anatra. Aggiungere almeno 2 pollici di acqua in una grande padella antincendio con un coperchio e mettere la padella sul fornello. Mettere una griglia larga nella teglia e portare l'acqua a ebollizione. Scegli una casseruola ovale abbastanza grande da contenere l'anatra e abbastanza piccola da stare nella teglia.

c) Mettere l'anatra nella casseruola e poi mettere la casseruola sulla griglia. Coprire e cuocere a vapore per 1 ora, controllando di tanto in tanto il livello dell'acqua e aggiungendo altra acqua bollente se necessario. Conserva il brodo d'anatra da utilizzare nelle zuppe o in padelle saltate in padella. A cottura ultimata, togliete l'anatra dalla casseruola e mettetela ad asciugare su una griglia.

d) Unire gli ingredienti per la glassa in un pentolino e portare a ebollizione. Con un pennello da cucina, dipingi la glassa calda sulla superficie dell'anatra. Lascia asciugare l'anatra per 1 ora.

e) Preriscalda il forno a 375F. Arrostire l'anatra, con il petto rivolto verso il basso, per 20 minuti. Gira e continua ad arrostire per altri 40 minuti.

f) Trasferire l'anatra su un tagliere e lasciar raffreddare leggermente. Usando una mannaia, disgiungi e taglia l'anatra attraverso l'osso in pezzi della misura di un morso. Disporre i pezzi su un piatto da portata, guarnire con coriandolo e servire.

19. Pollo agli anacardi

- Petti di pollo, disossati e spellati 1/2 libbra. Baccelli di piselli cinesi
- 1/2 libbra di funghi 4 cipolle verdi
- 2 tazze di germogli di bambù, scolati 1 tazza di brodo di pollo
- 1/4 tazza di salsa di soia
- 2 cucchiai di amido di mais
- 1/2 cucchiaino di sale
- 4 cucchiai di olio per insalata
- 1 confezione di anacardi (circa 4 once)

a) Affettare il petto orizzontalmente a fettine molto sottili e tagliarlo a quadrati pollici. Mettere sul vassoio. Preparare le verdure, rimuovere le estremità e le corde dai baccelli dei piselli, affettare i funghi, la parte verde delle cipolle e i germogli di bambù. Aggiungi al vassoio.

b) Mescola salsa di soia, amido di mais e sale. Scaldare 1 cucchiaio di olio in padella a fuoco moderato, aggiungere tutte le noci e cuocere 1 minuto agitando la padella,

c) tostare leggermente le noci. Rimuovere e prenotare. Versare l'olio rimanente in padella, friggere

d) pollo velocemente, girandolo spesso fino a quando non appare opaco. Abbassa il fuoco al minimo. Aggiungi i baccelli di piselli, i funghi e il brodo. Coprite e cuocete lentamente per 2 minuti. Togliere il coperchio, aggiungere la miscela di salsa di soia, germogli di bambù e cuocere fino a quando non si sarà addensato, mescolando continuamente. Cuocere a fuoco lento scoperto ancora

un po 'e aggiungere cipolle verdi e noci e servire
immediatamente.

20. Pentola di fuoco cinese

- 1 lb Controfiletto di manzo disossato o tondo di manzo 1 lb Petti di pollo disossati
- 1 libbra di filetti di pesce
- 1 libbra di gamberi medi 1 libbra di cavolo cinese
- 1/2 libbra di funghi di bosco freschi o funghi coltivati Succo di limone
- 1 confezione di funghi Enoki (confezioni da 3 1/2-oz) baccelli di piselli cinesi da 3/4 libbre
- 2 miliardi di cipolle verdi 2 miliardi di spinaci
- 8 once di castagne d'acqua in scatola scolate e affettate
- 8 once di germogli di bambù in scatola scolati e affettati 4 cn Brodo di pollo (13 lattine da 3/4 once)
- Salsa agrodolce Salsa di soia
- Senape cinese calda preparata
- 1/4 libbra di spaghetti all'uovo fini; coriandolo cotto o erba cipollina; tritato (facoltativo)

a) Non è necessario utilizzare tutti gli ingredienti qui elencati fintanto che offri un'interessante miscela di carne, pesce e verdure. Se lo si desidera, è possibile sostituire altre carni e verdure.

b) Metti la carne di manzo, il pollo e il pesce nel congelatore e lasciali raffreddare finché non sono sodi al tatto ma non congelati. Affettare carne di manzo e pollo a strisce spesse 1/4 di pollice e lunghe circa 2 pollici. Tagliare il pesce a cubetti da 3/4 pollici. Sgusciare e sgusciare i gamberi. Taglia il cavolo a pezzi della grandezza di un boccone. Funghi puliti. Se usi i funghi di bosco, rimuovi e getta i gambi. Affettare i funghi e spolverare con il succo di limone. Taglia e getta la radice dei funghi enoki e separa i grappoli il più possibile. Lavare, tagliare le estremità e legare i baccelli dei piselli. Pulite le cipolle verdi e tagliatele

c) a metà nel senso della lunghezza, compresa la parte verde. Tagliare in lunghezze di 2 pollici. Pulire gli spinaci e scartare i gambi spessi. Per servire, disporre carne di manzo, pollo, pesce, gamberetti, cavoli, funghi di bosco, funghi enoki, taccole, cipolle verdi, foglie di spinaci, castagne d'acqua e germogli di bambù in file individuali su grandi vassoi o piatti da portata. Portate a bollore il brodo. Posizionare l'unità di riscaldamento sotto

d) Pentola calda cinese e versare il brodo bollente nella ciotola della pentola calda. Usando mestolo cinese e bacchette o forchette da fonduta, ogni persona mette gli ingredienti desiderati nel brodo caldo per cuocere in camicia.

21. Chicken Chow Mein

- 12 once di tagliatelle
- 8 once di petti di pollo senza pelle e disossati 3 cucchiai di salsa di soia
- 1 cucchiaio di vino di riso o sherry secco 1 cucchiaio di olio di sesamo scuro
- 4 cucchiai di olio vegetale
- 2 spicchi d'aglio, tritati finemente
- 2 once di taccole, estremità rimosse 4 once di germogli di soia
- 2 once di prosciutto, 4 scalogni tritati finemente, tritati finemente
- Sale e pepe nero appena macinato

a) Cuocere le tagliatelle in una casseruola di acqua bollente finché sono teneri. Scolare, sciacquare sotto l'acqua fredda e scolare bene.

b) Taglia il pollo a pezzi sottili da 2 pollici. Mettere in una ciotola. Aggiungere 2 cucchiaini di salsa di soia, il vino di riso o lo sherry e l'olio di sesamo.

c) Riscaldare metà dell'olio vegetale in un wok o in una padella grande a fuoco alto. Quando l'olio inizia a fumare, aggiungi il composto di pollo. Saltare in padella per circa 2 minuti, quindi trasferire il pollo su un piatto e tenerlo caldo.

d) Pulisci il wok e riscalda l'olio rimanente. Incorporare l'aglio, le taccole, i germogli di soia e il prosciutto, soffriggere per un altro minuto circa e aggiungere le tagliatelle.

e) Continua a soffriggere fino a quando le tagliatelle non si saranno riscaldate. Aggiungere la restante salsa di soia a piacere e condire con sale e pepe. Rimetti il pollo e il sugo nella miscela di noodle, aggiungi lo scalogno e mescola per l'ultima volta. Servire subito.

22. Pollo Keto Crisp Skin

- 1 pollo (2 1/2 libbre)
- 1 cucchiaio di aceto
- 1 cucchiaio di salsa di soia
- 2 cucchiai di miele
- 1 cucchiaio di sherry
- 1 cucchiaino di melassa (melassa)
- 2 cucchiai di farina 00
- 1 cucchiaino di sale
- olio di arachidi per friggere

a) Metti il pollo in una grande casseruola e aggiungi dell'acqua bollente fino a metà dei lati del pollo. Coprire bene e cuocere a fuoco lento finché sono teneri, da circa 45 minuti a 1 ora. Scolare, sciacquare sotto l'acqua fredda e asciugare con carta assorbente.

b) Mescolare l'aceto, la salsa di soia, il miele, lo sherry e la melassa. Spennellalo su tutto il pollo e poi appendi il pollo in un luogo arioso ad asciugare, per circa 30 minuti. Spennellare con la soia rimanente

c) miscela di salsa di nuovo e appendere per altri 20-30 minuti. Mescolare la farina e il sale e strofinare bene sulla pelle del pollo. Friggere in olio di arachidi ben caldo fino a quando non diventa dorato e croccante. Scolare bene su carta assorbente.

d) Tagliate il pollo in 8 pezzi e servitelo caldo con i seguenti tuffi:

Salsa alla cannella:

- 1 cucchiaio di cannella in polvere
- 1/2 cucchiaino di zenzero macinato

- 1/4 cucchiaino di pepe nero appena macinato
- 1/4 cucchiaino di sale

a) Mescolare insieme, mettere in una piccola casseruola e scaldare fino a quando molto caldo, mescolando continuamente.

23. Ali di pollo imperatrice

- 1 1/2 libbra di ali di pollo 3 cucchiai di salsa di soia
- 1 cucchiaio di sherry secco
- cucchiaio di radice di zenzero fresca tritata 1 spicchio d'aglio, tritato
- cucchiai di olio vegetale 1/3 di tazza di amido di mais
- 2/3 di tazza di acqua
- 2 cipolle verdi e cime, tagliate a fettine sottili 1 cucchiaino di radice di zenzero fresca a scaglie

a) Disgiungere le ali di pollo; scartare i suggerimenti (o risparmiare per le scorte). Unire la salsa di soia, lo sherry, lo zenzero tritato e l'aglio in una grande ciotola; mescolare il pollo.

b) Coprire e conservare in frigorifero per 1 ora, mescolando di tanto in tanto. Rimuovere il pollo; marinata di riserva.

c) Scaldare l'olio in una padella grande a fuoco medio. Ricoprire leggermente i pezzi di pollo con amido di mais; aggiungere alla padella e far rosolare lentamente su tutti i lati.

d) Rimuovere il pollo; scolare il grasso. Mescolare l'acqua e la marinata riservata nella stessa padella.

e) Aggiungi il pollo; cospargere uniformemente le cipolle verdi e lo zenzero a scaglie sul pollo. Copri e lascia sobbollire per 5 minuti o finché il pollo non è tenero.

24. Pollo del Generale Tsao (Keto)

Salsa:

- 1/2 tazza di amido di mais 1/4 tazza di acqua
- 1 + 1/2 cucchiaino di aglio tritato
- 1 + 1/2 cucchiaino di radice di zenzero tritata
- 1/2 tazza di salsa di soia
- 1/4 tazza di aceto bianco
- 1/4 di tazza di vino da cucina
- 1 tazza e 1/2 di brodo di pollo caldo
- 1 cucchiaino di glutammato monosodico (facoltativo)
Carne:
- 2 libbre di carne di pollo scura disossata, tagliata a pezzi grandi 1/4 tazza di salsa di soia
- 1 cucchiaino di pepe bianco 1 uovo
- 1 tazza di amido di mais
- Olio vegetale per friggere 2 tazze di cipolle verdi affettate 16 piccoli peperoncini essiccati

a) Mescolare 1/2 tazza di amido di mais con acqua. Aggiungere l'aglio, lo zenzero, 1/2 tazza di salsa di soia, l'aceto, il vino, il brodo di pollo e il glutammato monosodico (se lo si desidera). Metti in frigo fino al momento del bisogno.

b) In una ciotola separata, mescolare il pollo, 1/4 di tazza di salsa di soia e pepe bianco.

c) Incorporare l'uovo. Aggiungere 1 tazza di amido di mais e mescolare fino a quando i pezzi di pollo non saranno ricoperti in modo uniforme. Aggiungi una tazza di olio vegetale per separare i pezzi di pollo. Dividere il pollo in piccole quantità e friggerlo a 350 gradi fino a renderlo croccante. Scolare su carta assorbente.

d) Mettere una piccola quantità di olio nel wok e riscaldare fino a quando il wok è caldo. Aggiungere cipolle e peperoni e soffriggere brevemente. Mescolare la salsa e aggiungerla al wok.

e) Mettere il pollo nella salsa e cuocere finché la salsa non si addensa.

25. Ali Di Pollo Allo Zenzero

- 8 ali di pollo
- cucchiai di salsa di soia 1 cucchiaio di miele
- 2 cucchiai di succo di limone
- 2 cucchiai di zenzero fresco grattugiato 2 cucchiai di ketchup
- 1 cucchiaio di olio

a) Taglia le ali all'articolazione.
b) Mescolare gli ingredienti rimanenti e marinare il pollo in questa miscela, coperto in frigorifero, per 6-8 ore o durante la notte.
c) Grigliare per circa 15 minuti o fino a cottura completa, spazzolando spesso con la marinata e girando due volte

26. Keto Lo Mein

- 2 tazze di spaghetti cinesi cotti (o spaghetti molto sottili) sciacquati e scolati
- 12 oz. carne cotta a cubetti (manzo, pollo, maiale ... qualsiasi)
- 1 confezione di fagioli di soia neri surgelati alla francese, scongelati
- 2 tazze di germogli di soia freschi 3 scalogni, tritati
- 1 fetta di zenzero, sminuzzata
- 1 spicchio d'aglio tritato 1 tè. MSG (Accent) 1 tè.
- 1/4 tazza di salsa di soia
- 3/4 di tazza di olio vegetale
- 1/4 di tè. olio di sesamo
- 2 cucchiai. Sherry

a) Mescolare insieme MSG e salsa di soia. Mettere da parte.

b) Riscalda il wok o la padella ben caldi e asciutti. Aggiungi solo 3 cucchiai di olio vegetale e tutto l'olio di sesamo. Mettere a rosolare lo zenzero e l'aglio, poi tutte le altre verdure. Mescolate e cuocete per un minuto a fuoco vivace. Aggiungi lo sherry. Coprite e cuocete ancora un minuto. Spegni il fuoco. Rimuovere le verdure e scolare; scartare questi succhi. Metti da parte le verdure scolate

c) Riscaldare il wok o asciugare di nuovo in padella. Mettete il resto dell'olio. Accendi il fuoco a media. Aggiungere le tagliatelle cotte e mescolare continuamente per scaldare e ricoprire le tagliatelle con olio per un paio di minuti. Aggiungi la tua scelta di carne e verdure riservate; mescolare accuratamente. Aggiungere la miscela di salsa

di soia riservata e mescolare fino a quando i noodles
diventano di un colore uniforme. Servire.

27. Rumaki

- 1 libbra di fegatini di pollo
- 8 oz. Castagne d'acqua; Sgocciolate 12 strisce di pancetta
- 1/4 tazza di salsa di soia
- 1/2 cucchiaino di zenzero; In polvere
- 1/2 cucchiaino di polvere di 5 spezie cinesi o 1/2 cucchiaino di curry in polvere

a) Tagliare i fegatini di pollo a metà o in grossi pezzi. Taglia a metà le noci più grandi. Tagliare le strisce di pancetta a metà, trasversalmente.

b) Avvolgere un pezzo di pancetta attorno a pezzi di fegato e castagne, fissando le estremità con uno stuzzicadenti. Mettili in un piatto da torta poco profondo mentre li prepari.

c) Unire la salsa di soia alle spezie e versarvi sopra il rumaki; conservare in frigorifero circa mezz'ora prima di servire. Preriscaldare la griglia o la griglia e cuocere il rumaki fino a quando la pancetta non è croccante, circa 20 minuti, facendola rosolare su tutti i lati.

d) Servire caldo.

28. Pollo Sichuan

- 1 libbra di petto di pollo disossato, tagliato a cubetti
- 4-6 carote, tagliate a pezzi da 1/4 "
- 1 lattina di germogli di bambù
- 12-15 peperoncini piccanti secchi olio da cucina
  Salsa:
- 6 cucchiai. salsa di soia
- 2-3 cucchiai. amido di mais
- 2-3 cucchiai. zenzero secco in polvere 3 cucchiai. Sherry

a) Mescola gli ingredienti per la salsa in una ciotola.
b) Metti i peperoni e 1 cucchiaio. di olio da cucina in un wok. Rosolare i peperoni a fuoco medio-alto e trasferirli su un piatto. Aggiungere il pollo a cubetti e cuocere fino a quando il colore rosa scompare (2-5 min).
c) Togli il pollo dal wok. Aggiungi 1 cucchiaio. di olio nel wok e aggiungere le carote. Saltare in padella fino a quando le carote iniziano ad ammorbidirsi. Aggiungere i germogli di bambù e saltare in padella per 1-2 minuti.
d) Aggiungi i peperoni, il pollo e la salsa al wok. Mescolare a fuoco medio fino a quando la salsa si addensa.

71

29. Pollo Keto Kung Pao

ingredienti
Per la salsa:

- 2 cucchiai di aminos al cocco o salsa di soia a basso contenuto di sodio
- 1 cucchiaino di salsa di pesce
- 2 cucchiaini di olio di sesamo
- 1 cucchiaino di aceto di mele
- 1/4 - 1/2 cucchiaino di peperoncino in fiocchi di peperoncino a piacere
- 1/2 cucchiaino di zenzero fresco tritato
- 2 spicchi d'aglio tritati
- 2-3 cucchiai di acqua o brodo di pollo
- 1-2 cucchiaini di frutta del monaco o eritritolo, regolare al livello di dolcezza desiderato

Per il soffritto:

- Cosce di pollo da 3/4 libbre tagliate a pezzi da 1 pollice
- Sale rosa dell'Himalaya e pepe nero q.b.
- 3-4 cucchiai di olio d'oliva o olio di avocado
- 1 peperone rosso tagliato a pezzetti
- 1 zucchina medio-grande tagliata a metà
- 2-3 peperoncini rossi secchi
- 2/3 di tazza di anacardi o arachidi tostate
- 1/4 cucchiaino di gomma xanthum opzionale per addensare la salsa
- Semi di sesamo e cipolle verdi tritate per guarnire (facoltativo)

a) In una ciotola media, unisci tutti gli ingredienti per la
   salsa. Mettere da parte. Condire il pollo con sale, pepe e 1
   cucchiaio di salsa / marinata.

b) Aggiungi l'olio in un wok o in una padella antiaderente
   grande a fuoco medio-alto. Aggiungere il pollo e cuocere
   per 5-6 minuti o fino a quando il pollo inizia a dorarsi e
   quasi completamente cotto.

c) Aggiungere le zucchine, i peperoni e i peperoncini
   essiccati (se utilizzati) e cuocere per 2-3 minuti, o fino a
   quando le verdure sono croccanti e tenere e il pollo è
   cotto.

d) Versare la salsa rimanente e aggiungere gli anacardi.
   Mescola tutto insieme e alza il fuoco.

e) Lasciar ridurre e addensare la salsa. Condire con sale,
   pepe o altri fiocchi di peperoncino rosso secondo
   necessità. Puoi aggiungere un po 'di 1/4 di cucchiaino di
   gomma xantham per addensare ulteriormente la salsa, se
   lo desideri.

30. Pollo avvolto in carta Keto

- 2 grandi petti di pollo disossati e senza pelle, 6–8 once
  ciascuno

- 4 grandi funghi secchi cinesi
- 1 ½ cipolla verde
- 2 cucchiai di salsa di ostriche
- 2 cucchiai di salsa di soia
- 1 fetta di zenzero, sminuzzata
- 1 cucchiaino di olio di sesamo
- 1 cucchiaio di vino di riso cinese o sherry secco
- Sale e pepe a piacere
- 24 quadrati da 6 pollici di foglio di alluminio

a) Lavate il pollo e asciugatelo. Tagliare il pollo a fette sottili lunghe circa 2 ½ pollici. Vuoi avere 48 strisce o 2 strisce per ogni confezione. (Con un petto più grande potresti avere più pollo del necessario, quindi puoi fare più pacchetti.)

b) Mettere a bagno i funghi secchi in acqua calda per 20 minuti o finché non si saranno ammorbiditi. Strizza delicatamente per eliminare l'acqua in eccesso e taglia in 24 fette sottili o 6 fette per fungo. Affetta sottilmente le cipolle verdi in diagonale, in modo da avere 48 pezzi o 2 fette per confezione.

c) In una piccola ciotola, unire la salsa di ostriche, la salsa di soia, lo zenzero sminuzzato, l'olio di sesamo, il vino di riso Konjac cinese, il sale e il pepe e le cipolle verdi. Aggiungete al pollo e lasciate marinare per 45 minuti. Aggiungete i funghi e lasciate marinare per altri 15 minuti.

d) Preriscalda il forno a 350 ° F.

e) Per avvolgere il pollo, stendi un quadrato di carta stagnola in modo che l'angolo inferiore sia rivolto verso di te. Metti 2 fette di pollo, 1 fetta di funghi e 2 fette di cipolla verde al centro. Porta l'angolo inferiore sopra il pollo. Rotola questo angolo una volta. Piega l'angolo destro verso il centro e poi l'angolo sinistro, in modo che uno si sovrapponga all'altro. Infila il triangolo in alto nella patta.

f) Posizionare i pacchi avvolti su una teglia e infornare a 350 ° F per 15 minuti. Lasciar raffreddare prima di servire.

31. Moo Goo Gai Pan

- 2 metà di petto di pollo, spellato, disossato e affettato sale e pepe
- 3 spicchi d'aglio, tritati 2 tazze d'acqua
- 1 cucchiaio di amido di mais 5 cucchiai di olio di mais
- 8 oz. funghi freschi, affettati
- lb. bok choy o cavolo cinese bianco, tritato
- 4 cucchiai di salsa di soia
- scalogno, tritato

a) In una ciotola, condisci il pollo con la miscela di sale e pepe, aglio e amido di mais. Mettere da parte.

b) Scaldare 3 cucchiai di olio di mais in un wok e incorporare funghi, bok choy / cavolo per 2 minuti. Coprite e cuocete per 5 minuti. Rimuovi dal wok.

c) Scaldare l'olio di mais rimanente nel wok. Saltare in padella il pollo per 2 minuti a fuoco alto. Aggiungere la salsa di soia e mescolare bene. Copri e cuoci per circa 6 minuti o finché il pollo non è completamente cotto.

d) Mescolare le verdure cotte e lo scalogno. Mescolare insieme per circa 1 minuto. Servire caldo con riso Konjac o riso al cavolfiore.

32. Pollo Keto Mu Shu

- 20 gemme di giglio di tigre di petto di pollo disossato e sbucciato da 3/4 libbre
- cucchiai di orecchie degli alberi
  Marinata:
- 1 cucchiaino di amido di mais
- 1 cucchiaio di acqua
- 1 cucchiaio di salsa di soia
- 6 cucchiai di olio di mais
- 3 uova extra-grandi, ben sbattute 3 scalogni, sminuzzati
- Tazza di cavolo verde sminuzzato 1 cucchiaino di sale
- 1 olio di sesamo orientale 20 frittelle al mandarino, riscaldate

33. Moo Goo Gai Pan

- 2 grandi petti di pollo disossati e senza pelle
- 4 cucchiai di salsa di ostriche, divisi
- 2 cucchiaini di amido di mais, divisi
- ½ tazza di brodo di pollo o brodo
- ⅛ cucchiaino di pepe bianco
- ½ tazza di funghi freschi
- 4 cucchiai di olio per soffriggere
- 1 spicchio d'aglio, tritato
- ½ 8 once può germogli di bambù, risciacquati

a) Lavate il pollo e tagliatelo a fettine sottili. Mescolare 2 cucchiai di salsa di ostriche e 1 cucchiaino di amido di mais. Marinare il pollo per 30 minuti.

b) Mescolare il brodo di pollo, il pepe bianco, 2 cucchiai di salsa di ostriche e 1 cucchiaino di amido di mais. Mettere da parte. Pulisci i funghi con un panno umido e tagliali a fettine sottili.

c) Aggiungi 2 cucchiai di olio a un wok o una padella preriscaldati. Quando l'olio è caldo, aggiungere l'aglio e saltare in padella brevemente fino a quando diventa aromatico. Aggiungere il pollo e saltare in padella finché non cambia colore e non è quasi cotto. Togli il pollo dal wok e mettilo da parte.

d) Pulisci il wok e aggiungi altri 2 cucchiai di olio. Quando l'olio è caldo, aggiungere i funghi e saltare in padella per circa 1 minuto. Aggiungi i germogli di bambù.

e) Mescola velocemente la salsa. Fai una buca al centro del wok spingendo le verdure ai lati. Aggiungere la salsa al

centro, mescolando energicamente per addensare.
Aggiungere il pollo e mescolare.

34. Princess Chicken

- 1 libbra di carne di pollo leggera
- 6 cucchiai di salsa di soia, divisi
- 4 cucchiaini di vino di riso cinese o sherry secco, divisi
- 1 cucchiaio di amido di mais
- ¼ di cucchiaino di olio di sesamo
- 6 peperoncini rossi secchi
- 3 cucchiai di olio per soffriggere
- 1 spicchio d'aglio grande, tritato
- 1 cucchiaino di zenzero tritato
- 2 cipolle verdi, tagliate a fettine sottili

Taglia il pollo a cubetti. Mescolare 2 cucchiai di salsa di soia, 3 cucchiaini di vino di riso Konjac e l'amido di mais, aggiungendo per ultimo l'amido di mais. Marinare il pollo per 30 minuti.

Unire 4 cucchiai di salsa di soia, 1 cucchiaino di vino di riso Konjac e l'olio di sesamo e mettere da parte. Tagliare a metà i peperoncini rossi e privarli dei semi. Tritate e mettete da parte.

Aggiungi 2 cucchiai di olio a un wok o una padella preriscaldati. Quando l'olio è caldo, aggiungere i cubetti di pollo e saltare in padella fino a quando non sono quasi cotti. Togliere dal wok e scolare su carta assorbente.

Aggiungi 1 cucchiaio di olio al wok. Quando l'olio è caldo, aggiungi l'aglio, lo zenzero e le cipolle verdi. Saltare in padella brevemente fino a quando diventa aromatico. Aggiungere i peperoncini e cuocere per 1 minuto.

Aggiungere la salsa al centro del wok e portare a
ebollizione. Aggiungere il pollo e mescolare.

35. Pollo Affumicato Al Tè

- Friggitrice di pollo da 3 libbre
- 2 cucchiai di salsa di soia scura
- 1 cucchiaino e mezzo di vino di riso cinese o sherry secco
- ½ cipolla verde, tritata
- 3 cucchiai di foglie di tè nero
- ¼ di cucchiaino di miscela di sale e pepe di Szechwan (pagina 20)
- ½ tazza di riso Konjac o riso al cavolfiore crudo

  Lavate il pollo e asciugatelo. Mescolare insieme la salsa di soia scura, il vino di riso Konjac e il cipollotto. Strofina il pollo e lascialo marinare per 1 ora. Mescolare insieme le foglie di tè, la miscela di sale e pepe di Szechwan e riso Konjac o riso al cavolfiore. Mettere da parte.

  Preparare una vaporiera di bambù e cuocere a vapore il pollo per circa 45 minuti, finché non sarà cotto.

  Copri il fondo e l'interno del wok con diversi strati di carta stagnola. Metti le spezie fumanti sul fondo del wok. Posizionare una griglia per dolci all'interno del wok e posizionare il pollo sulla griglia. Accendi il fuoco. Quando il fumo appare in alcuni punti (circa 10-15 minuti), coprire il pollo con il coperchio e regolare la fiamma in modo che il flusso di fumo rimanga costante. Continua a fumare fino a quando il pollo diventa marrone scuro (circa 15 minuti).

36. Ali Di Pollo Con Salsa Di Ostriche

- 16 ali di pollo
- ⅓ tazza di salsa di soia
- 1 cucchiaio di salsa di soia scura
- 3 cucchiai di salsa di ostriche
- 1 cucchiaio di vino di riso cinese o sherry secco
- 2 cucchiai d'acqua
- 2 cucchiaini di olio di sesamo
- 3 spicchi d'aglio, tritati

Risciacquare le ali di pollo e asciugarle tamponando. Unisci la salsa di soia, la salsa di soia scura, la salsa di ostriche, il vino di riso Konjac, l'acqua e l'olio di sesamo. Metti la salsa in un sacchetto di plastica. Aggiungere il pollo, scuotendo leggermente la busta per assicurarsi che la salsa ricopra tutto il pollo. Sigilla la busta e mettila in frigorifero. Marinare il pollo per 2-3 ore, girando la busta di tanto in tanto.

Preriscalda il forno a 350 ° F.

Rimuovere le ali di pollo dal sacchetto, riservando la salsa. Posizionare le ali su una teglia da forno spruzzata con spray da cucina. Versare sopra ½ salsa. Aggiungere l'aglio tritato. Infornate le ali per 20 minuti. Aggiungere la restante metà della salsa e cuocere per altri 15 minuti, o fino a quando le ali sono cotte.

37. Ali Di Pollo Ripiene

- 10 ali di pollo
- 2 funghi secchi cinesi
- ½ 8 once può germogli di bambù, scolati
- ½ tazza di carne di maiale macinata
- ½ cucchiaio di salsa di soia
- ½ cucchiaio di vino di riso cinese o sherry secco
- ¼ di cucchiaino di olio di sesamo
- Sale e pepe a piacere

a) Lavare le ali di pollo e asciugarle tamponando. Taglia la sezione centrale e getta la batteria. Prendi un coltello da cucina e, iniziando dall'estremità della parte centrale che era attaccata alla drummette, raschia accuratamente la carne dalle 2 ossa nella sezione centrale, facendo attenzione a non tagliare la pelle. Quando la carne è stata raschiata via, tirare e rimuovere le 2 ossa nella parte centrale. Questo ti darà un sacco di cose.

b) Mettere a bagno i funghi secchi in acqua calda per almeno 20 minuti per ammorbidirli. Strizza delicatamente i funghi per eliminare l'acqua in eccesso. Tagliate a fettine sottili. Julienne i germogli di bambù.

c) Metti il maiale in una ciotola media. Usa le mani per mescolare la salsa di soia, il vino di riso Konjac, l'olio di sesamo e sale e pepe con il maiale.

d) Prendi una pallina di maiale e mettila all'interno della pelle del pollo. Aggiungere 2 fette di bambù e 2 fette di funghi a fette. Continuare con il resto delle ali di pollo.

e) Cuocere le ali di pollo su un piatto resistente al calore su una vaporiera di bambù nel wok per circa 20 minuti o fino a quando il maiale è cotto.

38. Ali di Keto ubriache

- 8-10 ali di pollo
- ¼ di cucchiaino di sale
- Pepe qb
- 1 cipolla verde, tritata
- 2 fette di zenzero
- 6 tazze di vino bianco secco per coprire

  In una pentola capiente, porta a ebollizione 8 tazze d'acqua. Mentre aspetti che l'acqua bolle, taglia le ali di pollo al centro in modo da avere una drummette e la parte centrale. Taglia e getta le punte delle ali.

  Cuocere le ali di pollo nell'acqua bollente per 5 minuti.

  Aggiungere il sale, il pepe, il cipollotto e lo zenzero. Copri e lascia sobbollire il pollo per 45 minuti. Freddo.

  Mettere le ali di pollo in un contenitore sigillato e coprire con il vino. Mettete in frigorifero per almeno 12 ore prima

RICETTE DI MAIALE CINESE

39. Potstickers con vino di riso Konjac (Keto)

- 1 tazza e mezzo di carne di maiale macinata
- 3 cucchiaini di vino di riso cinese o sherry secco
- 3 cucchiaini di salsa di soia
- 1 cucchiaino e mezzo di olio di sesamo
- 1 ½ cucchiaio di cipolla tritata
- 1 confezione di involucri rotondi di wonton (gyoza)
- ½ tazza di acqua per bollire i potstickers
- Olio per friggere q.b.

Unisci la carne di maiale macinata, il vino di riso Konjac, la salsa di soia, l'olio di sesamo e la cipolla tritata.

Per preparare i potstickers: Mettere 1 cucchiaino di ripieno al centro dell'involucro. Bagnare i bordi dell'involucro, ripiegare il ripieno e sigillare, piegando i bordi. Continua con il resto dei potstickers. Copri i potstickers completati con un panno umido per evitare che si secchino.

Aggiungi 2 cucchiai di olio a un wok o una padella preriscaldati (1 cucchiaio se usi una padella antiaderente). Quando l'olio è caldo, aggiungi un po 'di potstickers, con il lato liscio rivolto verso il basso. Non saltare in padella, ma lascia cuocere per circa 1 minuto.

Aggiungi ½ tazza di acqua. Non capovolgere gli sticker. Cuocere, coperto, fino a quando la maggior parte del liquido sarà assorbita. Scoprire e cuocere fino a quando il liquido non sarà evaporato.

Allentare i potstickers con una spatola e servire con il lato bruciato rivolto verso l'alto. Servire con salsa potsticker

40. Maiale e germogli di bambù

- 1 libbra di maiale magro 1/4 tazza di salsa di soia
- 1 cucchiaio di sherry
- 1 cucchiaino di zenzero macinato
- 1 litro d'acqua
- 1 oncia di germogli di bambù

a) Taglia la carne di maiale a cubetti. Mescolare la salsa di soia, lo sherry e lo zenzero, aggiungere al maiale, mescolare bene e lasciare agire per 10 minuti. Mettere la carne di maiale e gli aromi in una padella larga, aggiungere l'acqua e portare a ebollizione, coprire e cuocere a fuoco lento per 1 ora.

b) Scolare i germogli di bambù e sminuzzarli finemente, aggiungerli nella padella e cuocere a fuoco lento per 10 minuti. Se lo si desidera, il liquido può essere addensato con 1 cucchiaio di amido di mais. mescolato con un po 'd'acqua fredda.

41. Testa di leone di Keto

- 1 fetta di zenzero
- 1 scalogno, tagliato in quarti
- 1/2 tazza d'acqua
- 1 libbra di carne di maiale macinata
- 1 cucchiaio di sherry
- 2 cucchiai di salsa di soia leggera
- 1 cucchiaino di sale
- 1 cucchiaio di amido di mais
- 2 cucchiai di amido di mais, sciolto in 4 cucchiai d'acqua
- 6 cucchiai di olio
- 1 libbra di bok choy (verde cinese), tagliato in pezzi da 3 pollici
- 1/2 tazza di brodo di pollo

a) Pestare lo zenzero e lo scalogno con il dorso del coltello o della mannaia. Mettere in una ciotola con l'acqua. Metti da parte 10 minuti.

b) Filtrare lo scalogno e lo zenzero dall'acqua.

c) Metti il maiale nella ciotola. Aggiungere lo scalogno e l'acqua allo zenzero, lo sherry, 1 cucchiaio di salsa di soia, 1/2 cucchiaino di sale e la maizena. Mescolare bene con la mano in una direzione.

d) Formare il composto di carne in 4 grandi palline.

e) Usando le mani, spalmare palline leggere con amido di mais sciolto.

f) Scalda 4 cucchiai di olio nel wok. Friggere le palline una alla volta finché non sono marroni. Bagnare con olio caldo. Rimuovere con attenzione.

g) Riscaldare 2 cucchiai di olio fino a quando non fuma caldo nel wok. Saltare in padella il bok choy 2 minuti. Aggiungi 1/2 cucchiaino di sale.

h) Metti il bok choy in una pentola pesante. Metti le polpette sopra. Aggiungere 2 cucchiai di salsa di soia e il brodo. Copertina. Fai bollire 1 ora.

i) Portare ad ebollizione 2 minuti. Se il sugo è troppo acquoso, addensare con un po 'di amido di mais sciolto.

42. Rotolo di uova di maiale non ripieno

Ingredienti:

- olio di sesamo
- aglio
- cipolla
- cipolle verdi
- carne di maiale macinata
- zenzero macinato
- sale marino
- Pepe nero
- Sriracha o salsa al peperoncino all'aglio
- coleslaw
- aminos al cocco o salsa di soia
- aceto, semi di sesamo tostati

Questa enorme ciotola di bellezza sarebbe il miglior centrotavola per un tavolo da buffet cinese: il rotolo di uova di maiale in una ciotola potrebbe anche diventare un rotolo di uova di manzo o tacchino o pollo! Mi piacciono molto le ricette in cui puoi facilmente mettere il tuo timbro su di loro.

43. Gow Gees tradizionale

- ¼ di libbra (4 once) di gamberetti
- 3 funghi secchi medi
- 1 tazza di carne di maiale macinata
- 1 foglia di cavolo napa, sminuzzata
- 1 ½ cipolla verde, tagliata a fettine sottili
- ¼ di cucchiaino di zenzero tritato
- 2 cucchiaini di vino di riso cinese o sherry secco
- 2 cucchiaini di salsa di soia
- 1 cucchiaino di olio di sesamo
- 1 confezione di involucri rotondi di wonton (gyoza)
- 4-6 tazze di olio per friggere

a) Lavare, eliminare e tritare finemente i gamberetti. Mettere a bagno i funghi secchi in acqua calda per almeno 20 minuti per ammorbidirli. Scolare, eliminare i gambi e affettarli finemente.

b) Unisci la carne di maiale macinata, i gamberi, il cavolo cappuccio, le cipolle verdi, i funghi secchi, lo zenzero, il vino di riso Konjac, la salsa di soia e l'olio di sesamo.

c) Aggiungere l'olio a un wok preriscaldato e riscaldare a 375 ° F. Avvolgi i gow gees aspettando che l'olio si scaldi. Mettere 1 cucchiaino di ripieno al centro dell'involucro. Bagnare i bordi dell'involucro, ripiegare il ripieno e sigillare, aggraffando i bordi. Continua con il resto dei wonton. Copri i wonton completati con un panno umido per evitare che si secchino.

d) Fai scorrere con attenzione i gow gees nel wok, pochi alla volta. Friggere fino a quando non diventano dorati (circa

2 minuti). Rimuovere con una schiumarola e scolare su carta assorbente.

44. Gnocchi di Keto Siu Mai

- ¼ di libbra (4 once) di gamberetti freschi
- 3 funghi secchi medi
- 1 tazza di carne di maiale macinata
- 1 ½ cipolla verde, tagliata a fettine sottili
- ½ tazza di germogli di bambù in scatola, sminuzzati
- 2 cucchiaini di salsa di ostriche
- 2 cucchiaini di salsa di soia
- 1 cucchiaino di olio di sesamo
- 1 confezione di Siu Mai o fagottini
- Olio per rivestimento piastra resistente al calore

a) Lavare e privare i gamberi e tritarli finemente. Mettere a bagno i funghi secchi in acqua calda per almeno 20 minuti per ammorbidirli. Scolare, eliminare i gambi e affettarli finemente.

b) Unisci la carne di maiale macinata, i gamberi, le cipolle verdi, i funghi secchi, i germogli di bambù, la salsa di ostriche, la salsa di soia e l'olio di sesamo.

c) Per avvolgere il Siu Mai: posizionare 2 cucchiaini di ripieno al centro dell'involucro. Non piegare l'involucro sul ripieno. Raccogli i bordi dell'involucro e piega delicatamente i lati in modo che formi una forma a cestino, con la parte superiore aperta.

d) Rivestire leggermente una piastra resistente al calore con olio. Disporre gli gnocchi sul piatto. Posizionare il piatto su una vaporiera di bambù in un wok predisposto per la cottura a vapore. Cuoci gli gnocchi per 5-10 minuti o finché non sono cotti.

45. Braciola di maiale Keto Suey

- ½ libbra di filetto di maiale
- 2 cucchiaini di vino di riso cinese o sherry secco
- 2 cucchiaini di salsa di soia
- 2 cucchiaini di bicarbonato di sodio
- 2 cipolle verdi, tagliate a fettine sottili in diagonale
- 2 cucchiai di salsa di ostriche
- 2 cucchiai di brodo di pollo o brodo
- 4-6 cucchiai di olio per soffriggere
- 6 funghi freschi, tagliati a fettine sottili
- 1 gambo di sedano, tagliato a fettine sottili in diagonale
- 2 gambi di bok choy comprese le foglie, tagliate a fettine sottili in diagonale
- 1 lattina da 8 once di germogli di bambù, scolati
  Tagliare la carne di maiale a fettine sottili. Marinare il maiale con il vino di riso Konjac, la salsa di soia e il bicarbonato di sodio per 30 minuti.

Unire la salsa di ostriche, il brodo di pollo. Mettere da parte.

Aggiungi 2 cucchiai di olio a un wok o una padella preriscaldati. Quando l'olio è caldo, aggiungere il maiale. Saltare in padella finché non cambia colore e non è quasi cotto. Togli dal wok.

Aggiungi 1-2 cucchiai di olio. Quando l'olio è caldo, aggiungere i funghi e saltare in padella per circa 1 minuto. Aggiungere il sedano e i gambi di bok choy, quindi i germogli di bambù, saltando in padella ciascuno per circa 1 minuto nel mezzo del wok prima di aggiungere la verdura successiva. (Se il wok è troppo affollato, saltare in padella ogni verdura separatamente.) Aggiungere altro olio se necessario, spingendo le verdure sul lato del wok finché l'olio non si è riscaldato. Aggiungere le foglie di bok choy e il cipollotto.

Aggiungere la salsa al centro del wok e portare a ebollizione. Aggiungi il maiale. Mescola tutto e servi caldo.

46. Maiale Hoisin Piccante

- ¾ £ filetto di maiale
- 1 cucchiaio di salsa di soia
- 2 cucchiaini di bicarbonato di sodio
- 1 mazzetto di spinaci
- 2 cucchiai di salsa hoisin
- 1 cucchiaio di salsa di soia scura
- ¼ di tazza d'acqua
- 3 cucchiai di olio per soffriggere
- ¼ di cucchiaino di pasta di peperoncino

Tagliare la carne di maiale a fettine sottili. Marinare nella salsa di soia e nel bicarbonato di sodio per 30 minuti.

Sbollentare brevemente gli spinaci in acqua bollente e scolarli bene.

Unisci la salsa hoisin, la salsa di soia scura e l'acqua. Mettere da parte.

Aggiungi 2 cucchiai di olio a un wok o una padella preriscaldati. Quando l'olio è caldo, aggiungere il maiale e saltare in padella finché non cambia colore e non è quasi cotto. Rimuovere e scolare su carta assorbente.

Aggiungere 1 cucchiaio di olio. Quando l'olio è caldo, aggiungere la pasta di peperoncino e saltare in padella fino a quando diventa aromatico. Aggiungi gli spinaci. Saltare in padella per un minuto, aggiungendo salsa di soia per condire se lo si desidera. Aggiungere la salsa al centro del wok e portare a ebollizione. Aggiungi il maiale. Abbassa il fuoco, mescola tutto e servi caldo.

47. Prosciutto con Pera Asiatica

- 1 ½ libbra di prosciutto, affettato sottilmente
- 2 cucchiaini di olio di sesamo
- 2 cucchiaini di amido di mais
- 2 cucchiai di salsa di soia
- 2 cucchiai di salsa di soia scura
- 2 cucchiai di miele
- 1 cipolla verde
- 2 cucchiai di olio per friggere
- 2 pere asiatiche, affettate

Marinare il prosciutto per 30 minuti in olio di sesamo e amido di mais.

Unisci la salsa di soia, la salsa di soia scura e il miele. Mettere da parte. Taglia la cipolla verde a fette da 1 pollice in diagonale.

Aggiungi 2 cucchiai di olio a un wok o una padella preriscaldati. Quando l'olio sarà ben caldo, unite il prosciutto affettato e fatelo rosolare brevemente. Rimuovere e scolare su carta assorbente.

Prepara il wok per la cottura a vapore. Posizionare il prosciutto tagliato a fette su una pirofila su una vaporiera di bambù. Spennella metà della salsa. Coprire e cuocere a vapore, aggiungendo altra acqua bollente se necessario.

Dopo 25 minuti scolate il sugo del prosciutto, unitevi alla restante metà della salsa e portate a ebollizione in un pentolino. Disporre le fette di pera con il prosciutto. Cuoci il prosciutto per altri 5 minuti o finché non è cotto. Versare la salsa cotta sul prosciutto prima di servire. Guarnire con il cipollotto.

MANZO CINESE

48. Costolette keto alla griglia asiatiche

Costolette e marinata

- 6 grandi costolette, tagliate a fianco (~ 1 1/2 lb.)
- 1/4 tazza di salsa di soia
- 2 cucchiai. Aceto di riso
- 2 cucchiai. Salsa di pesce
- Asian Spice Rub

a) Mescola la salsa di soia, l'aceto di riso e la salsa di pesce. Opzionalmente puoi aggiungere un po 'di olio d'oliva e olio di sesamo alla marinata.

b) Metti le costine in una pirofila o in un contenitore con i bordi rialzati. Versate la marinata sulle costine e lasciate riposare per 45-60 minuti.

c) Mescola le spezie.

d) Vuotare la marinata dalla casseruola, quindi versare il composto di spezie in modo uniforme su entrambi i lati delle costole.

e) Riscalda la griglia e griglia le costolette! Circa 3-5 minuti per lato a seconda dello spessore.

f) Servi con le tue verdure o contorni preferiti.

g) Questo fa un totale di 4 porzioni di costolette keto alla griglia asiatiche.

49. Costine di maiale alla brace

- banchi di costolette, non tagliate, circa 2 libbre ciascuna 3 spicchi d'aglio, tritati
- 1/2 tazza di ketchup
- 1/2 tazza di salsa di fagioli dolci (hoi sin deung) o salsa hoi sin 1/2 tazza di salsa di soia
- 1/4 tazza di sherry

Elimina il grasso in eccesso dai bordi spessi delle costine. Metti le costolette in una padella o un piatto basso. Mescolare gli ingredienti rimanenti per una marinata e distribuire su entrambi i lati delle costine. Lasciar riposare per almeno due ore.

Posizionare una griglia nella parte superiore del forno e una nella parte inferiore. Preriscaldare a 375F. Aggancia ogni banco di costolette con 3 o 4 ganci a S su tutta la sua larghezza, sui bordi spessi e sospendi sotto il cestello superiore.

Posizionare una padella grande con 1/2 "di acqua sulla griglia inferiore. Questa padella raccoglierà lo sgocciolamento e impedirà alla carne di seccarsi. Cuocere le costine per circa 45 minuti.

50. manzo Satay

- Bistecca di controfiletto di manzo da ½ libbra
- ¼ di tazza di salsa di soia scura
- ¼ di cucchiaino di pasta di peperoncino
- 1 cucchiaio di salsa hoisin
- 1 cucchiaino di marmellata di arance
- 1 spicchio d'aglio, tritato
- 1 fetta di zenzero, tritato

a) Tagliare la carne attraverso il grano in strisce molto sottili, lunghe circa 1 pollice.
b) Unisci gli ingredienti rimanenti. Marinare la carne in frigorifero durante la notte o per almeno 2 ore. Scolare la carne, riservando la marinata.
c) Infilare almeno 2 fette di manzo marinato su ogni spiedino, intrecciandole dentro e fuori come una fisarmonica. Spennellate con la marinata riservata.
d) Griglia la carne su entrambi i lati. Servire con Hoisin Satay Sauce

51. Manzo con broccoli

- 1 cucchiaio di amido di mais 3 cucchiai di sherry secco 1/4 di tazza di acqua
- 1/2 tazza di salsa di ostriche
- 1 pizzico di peperoncino tritato in fiocchi 1 cucchiaio di olio
- 1 cucchiaio di radice di zenzero, tritata
- 1 spicchio d'aglio - broccoli da 1 libbra schiacciato - tagliato a pezzi
- 1 peperone verde tagliato alla julienne 2 coste di sedano affettate
- 6 cipolle verdi - tagliate a pezzi
- 8 once Manzo cotto - affettato

a) Sciogliere l'amido di mais nello sherry, la salsa di ostriche, l'acqua e aggiungere i fiocchi di peperoncino. Nel wok o in una padella grande, scaldare l'olio a fuoco medio alto, aggiungere lo zenzero

b) e l'aglio. Saltare in padella 1 min. Aggiungere i broccoli, saltare in padella 3 min. Aggiungere il peperone verde, il sedano e le cipolle verdi, saltare in padella 3 min.

c) Fai un pozzo nel wok e aggiungi la miscela di amido di mais. Mescolare fino a quando si è addensato. Aggiungere la carne e mescolare delicatamente.

d) Usa il brodo di pollo se la miscela è troppo densa. Servire con riso Konjac al vapore o riso al cavolfiore.

52. Manzo Kwangton

- 1 cucchiaio e mezzo di olio di arachidi
- 1 fetta di radice di zenzero fresca
- Manzo di 1/2 pollice di spessore 1 libbra - a strisce sottili
- 4 once di germogli di bambù, affettati
- 4 once di funghi champignon - affettati 3 once di taccole
- 1/2 tazza di brodo di pollo
- 2 cucchiai di salsa di ostriche
- 1/2 cucchiaino di salsa di soia
- 1/4 cucchiaino di olio di sesamo
- 1/2 cucchiaino di amido di mais, mescolato con 1/2 cucchiaino di acqua

Preriscalda un wok o una padella e aggiungi l'olio. Aggiungere lo zenzero e mescolare per insaporire l'olio. Eliminare lo zenzero e aggiungere l'ape
f fette. Saltare in padella per
circa 2 minuti. Aggiungere i germogli di bambù, i funghi, le taccole e il brodo di pollo. Coprite e cuocete per 2 minuti. Mescolare in salsa di ostriche, salsa di soia, olio di sesamo. Addensare con la miscela di amido di mais e servire subito con riso Konjac o riso al cavolfiore.

53. Polpette alla cantonese

- 20 oz. Pezzi Di Ananas In Sciroppo
- 5 cucchiai di salsa teriyaki, divisa
- 1 cucchiaio di aceto
- cucchiaio Catsup
- 1 libbra di carne macinata
- 2 cucchiai di cipolla tritata istantanea
- cucchiai di amido di mais
- 1/4 tazza di acqua

Scolare l'ananas; sciroppo di riserva. Unire lo sciroppo, rosolare 3 cucchiai di salsa teriyaki, aceto e ketchup; mettere da parte. Mescolare la carne di manzo con i restanti 2 cucchiai di salsa teriyaki e cipolla; formare 20 polpette. Polpette marroni in padella capiente; scolare il grasso in eccesso. Versare il composto di sciroppo sulle polpette; cuocere a fuoco lento per 10 minuti, mescolando di tanto in tanto. Sciogliere la maizena in acqua; mescolare nella padella con l'ananas. Cuocere e mescolare fino a quando la salsa si addensa e l'ananas si è riscaldato.

54. Involtini di manzo e scalogno Hoisin

- 1 bistecca intera
- 1/2 tazza di salsa di soia
- 3 spicchi d'aglio
- 1/2 tazza di zenzero tritato
- pepe nero fresco pizzico
- 1/2 tazza di salsa hoisin
- 1 mazzetto di scalogno

a) In un piatto fondo, mescola la salsa di soia, l'olio, l'aglio, lo zenzero e un po 'di pepe. Aggiungere la carne di manzo e marinare per una notte in frigorifero, girando una volta. Riscalda la griglia. Asciugare la carne marinata e cuocere la bistecca alla griglia, a circa 4 pollici dal fuoco, finché non è rara, da 5 a 6 minuti per lato.

b) Raffreddare completamente e poi affettare molto pensando in sbieco, attraverso il grano della carne. Taglia le fette per formare strisce di circa 2 x 4 pollici. Spennellate un sottile strato di salsa hoisin su ogni striscia di manzo. Posare

c) un mazzetto di julienne di scalogno a un'estremità e arrotolare bene. Disporre su vassoi, lato della cucitura verso il basso, coprire bene con pellicola trasparente (assicurarsi che la plastica sia a stretto contatto con la carne) e conservare in frigorifero fino al momento di servire.

55. Manzo Teriyaki

- Bistecca di manzo da 1 libbra
- 1 tazza di salsa teriyaki
- 2 cucchiai di salsa di soia
- 1/2 cucchiaino di zenzero macinato
- 1 cucchiaino di pepe nero macinato
- 1/2 cucchiaino di aglio fresco tritato
- 2 cucchiai di salsa di ostriche
- 1 cucchiaio di salsa di fagioli neri
- 1/4 tazza di olio di sesamo
- 1 oncia. cipolla (fette da 1/4 ")
- 6 oz. cimette di broccoli

a) Tagliare le bistecche della gonna a cubetti da 1 "e unire tutti gli ingredienti sopra nel boccale. Mescolare bene e lasciare marinare per almeno mezz'ora a temperatura ambiente. Conservare in frigorifero fino al momento del bisogno.

b) Quando sei pronto per cucinare, separa solo la carne dalla marinata (salva tutto il resto). In un wok, scaldare circa 1/4 "di olio d'oliva. Aggiungere la carne di manzo e cuocere 3/4.

c) Aggiungere la verdura marinata (broccoli e cipolla). Cuocere fino a quando il manzo è cotto, quindi aggiungere circa 1 tazza (o quanto desiderato) di marinata al manzo e alle verdure. Cuocere a fuoco lento fino a far bollire leggermente.

d) Servire sopra il riso Konjac con i wonton tagliatelle attorno al bordo del piatto

56. Manzo confezionato in regalo

- Bistecca di fianco da ½ libbra
- 1 cucchiaino di salsa di ostriche
- ¼ di cucchiaino di bicarbonato di sodio
- 6 grandi funghi secchi
- 1 bok choy
- 2 cucchiai di salsa hoisin
- 2 cucchiai d'acqua
- 1 mazzetto di coriandolo
- 2 cucchiai di olio di sesamo
- 12 quadrati da 6 pollici di foglio di alluminio

Preriscalda il forno a 350 ° F.

Tagliare la carne a fette sottili lunghe 2–3 pollici. Vuoi avere circa 3 fette per ogni pacchetto. Aggiungere la salsa di ostriche e il bicarbonato di sodio. Marinare la carne per 30 minuti.

Mettere a bagno i funghi secchi in acqua calda per 20 minuti o finché non si saranno ammorbiditi. Strizza delicatamente per eliminare l'acqua e taglia in 48 fette sottili o 8 fette per fungo. Lavare il bok choy, scolarlo accuratamente e sminuzzarlo. Vuoi avere 3-4 pezzi per ogni pacchetto. Mescolare la salsa hoisin, l'acqua e mettere da parte.

Per avvolgere la carne, stendi un quadrato di carta stagnola in modo che formi una forma a rombo. Aggiungere 3 delle fette di manzo, 2-3 fette di funghi, qualche brandello di bok choy e qualche rametto di coriandolo al centro, assicurandosi di mantenere il ripieno al centro e non vicino ai bordi. Mescolare ¼ di cucchiaino di olio di sesamo e ½ cucchiaino di miscela di acqua e hoisin.

Porta l'angolo inferiore sopra la carne. Rotola questo angolo una volta. Piega l'angolo destro verso il centro e poi l'angolo sinistro, in modo che uno si sovrapponga all'altro. Infila il triangolo in alto nella patta. Posizionare i pacchi avvolti su una teglia e infornare a 350 ° F per 15 minuti. Lasciar raffreddare prima di servire. Servire avvolto su un piatto da portata, non aperto.

57. Congee con manzo

- ½ libbra di manzo
- 2 cucchiaini di salsa di ostriche
- 1 tazza di riso Konjac a grani lunghi o riso al cavolfiore
- 6 tazze d'acqua
- 2 tazze di brodo di pollo
- 2 cipolle verdi
- 2 cucchiai di olio per soffriggere
- 2 fette di zenzero tritate
- 1 spicchio d'aglio, tritato
- 2 cucchiai di salsa di soia scura
- 1 cucchiaio di vino di riso cinese o sherry secco
- ½ cucchiaino di olio di sesamo
- Sale e pepe a piacere

a) Tagliate la carne di manzo a fettine sottili. Marinare con la salsa di ostriche per 30 minuti.
b) Portare a ebollizione il riso Konjac o il riso al cavolfiore, l'acqua e il brodo di pollo. Cuocere a fuoco lento, coperto, per 30 minuti.
c) Taglia le cipolle verdi in pezzi da 1 pollice sulla diagonale.
d) Aggiungi l'olio a un wok o una padella preriscaldati. Quando l'olio è caldo, aggiungere lo zenzero e l'aglio. Saltare in padella brevemente fino a quando diventa aromatico. Aggiungere la carne di manzo e saltare in padella finché non cambia colore e non è quasi cotta. Rimuovere e scolare su carta assorbente.
e) Aggiungere lo zenzero, l'aglio e la carne di manzo al congee. Incorporare la salsa di soia scura e il vino di riso Konjac.

f) Continua a cuocere a fuoco lento per altri 30 minuti o finché il congee non avrà una consistenza cremosa. Incorporare le cipolle verdi. Condisci con l'olio di sesamo. Aggiungi sale a piacere.

58. Polpette di carne asiatica cheto

Ingredienti:

- carne di manzo macinata
- olio di sesamo
- 1 uovo
- scalogno
- aceto
- spinaci
- basilico
- zenzero fresco
- aglio
- salsa tamari o aminos al cocco
- olio di avocado

a) Un'altra ricetta di polpette keto, ma questa volta a base di carne di manzo.
b) Queste polpette asiatiche non mancano di sapore, soprattutto dopo averle immerse nella gustosa salsa!

59. Mu Shu Beef

- ½ libbra di manzo
- ½ tazza di acqua
- 1 cucchiaio di salsa di soia scura
- 1 cucchiaio in più
- 1 cucchiaino di salsa hoisin
- 1 cucchiaino di salsa di ostriche
- ¼ di cucchiaino di olio di sesamo
- 2 uova, leggermente sbattute
- ¼ di cucchiaino di sale
- 3-4 cucchiai di olio per soffriggere
- 1 fetta di zenzero, tritato
- ½ tazza di germogli di fagioli mung, sciacquati e scolati

a) Tagliate la carne di manzo a fettine sottili. Marinare se lo si desidera.

b) Unisci l'acqua, la salsa di soia scura, la salsa hoisin, la salsa di ostriche e l'olio di sesamo e metti da parte.

c) Mescolare le uova con ¼ di cucchiaino di sale. Aggiungi 1 cucchiaio di olio a un wok o una padella preriscaldati. Quando l'olio è caldo, sbatti le uova e rimuovile dal wok.

d) Aggiungere altri 2 cucchiai di olio. Quando l'olio è caldo, aggiungere la carne di manzo e saltare in padella finché non cambia colore e non è quasi cotta. Togliere dal wok e mettere da parte.

e) Aggiungere altro olio se necessario. Aggiungere lo zenzero e soffriggere brevemente fino a quando diventa aromatico. Aggiungi i germogli di soia. Aggiungere la salsa e portare a ebollizione. Aggiungere la carne di manzo e

l'uovo strapazzato. Amalgamate il tutto e servite ben
caldo.

60. Keto Orange Beef

- 1/2 libbra Bistecca tonda superiore 2 Tb Sherry
- Tb Amido di mais
- Albumi
- 6 cucchiai di olio di arachidi
  SALSA:
- 1 1/2 tazze di brodo di manzo 2 cucchiai di salsa di soia leggera
- 1 1/2 cucchiaio di amido di mais
- 1 cucchiaino di aceto di vino rosso
- 5 peperoncini rossi secchi, spezzettati
- 8 fette sottili di scorza d'arancia (solo per la parte arancione) o più
- Pepe nero macinato fresco a piacere

a) Sbatti insieme lo sherry, la maizena e gli albumi fino a ottenere un composto spumoso. Aggiungere la carne e mescolare per ricoprire bene i pezzi. Mettere da parte.

b) Taglia la carne in pezzi da 2x2 pollici. Riscaldare 4 cucchiai. Olio di arachidi nel wok.

c) Friggere velocemente, solo fino a quando diventa croccante e dorato, rimuovere sulla griglia del wok per scolare. Aggiungi i restanti 2 cucchiai. Olio di arachidi per wok. Aggiungere la scorza d'arancia ei peperoni rossi all'olio caldo nel wok. Saltare in padella fino a quando la buccia dell'arancia inizia a scurirsi e l'aroma dell'olio diventa piacevole. Aggiungere gli ingredienti rimanenti e mescolare fino a quando bolle (aggiungere altro brodo di manzo se troppo denso). Aggiungere la carne di manzo

fritta e condirla con la salsa. Servire subito con riso
bianco Konjac al vapore o riso al cavolfiore

CONCLUSIONE

Sebbene sia difficile dare un conteggio preciso dei carboidrati ai cibi cinesi perché le loro preparazioni variano da un ristorante all'altro, la soluzione migliore è provare a preparare questi piatti a casa, dandoti un maggiore controllo sugli ingredienti utilizzati e sul conteggio finale dei carboidrati.

Durante la navigazione, un menu in un ristorante cinese, è importante notare che molte salse in un ristorante cinese contengono zucchero. Puoi chiedere le versioni al vapore di alcuni piatti e poi aggiungere la salsa di soia, che rientra nelle linee guida di una dieta chetogenica ben formulata. Soprattutto i broccoli asiatici al vapore o la senape sono buone scelte. Per quanto riguarda le proteine, l'arrosto di maiale, l'anatra arrosto e la pancetta di maiale con la pelle croccante sono buone scelte. Per i grassi, potresti portare una piccola bottiglia di olio d'oliva da casa e aggiungere un cucchiaio o due alle tue verdure.